O Segredo do Curupira

texto **Fabiano Moraes**
ilustrações **Thiago Amormino**

À Eimalá Wayúu e às mães guerreiras do campo e da selva que deram sua vida pela paz entre a ciência e os saberes indígenas.
O autor

Para Maria Flávia, Luiz Otávio e Flávio Nascimento, que entraram em minha vida e juntos transformaram mitos em realidades.
O ilustrador

Desde os tempos remotos, quando as primeiras pessoas inventaram as palavras, surgiram histórias e saberes para explicar como foi que tudo começou. Essas histórias e os seres que delas fazem parte são chamados de mitos e, desde muitos milênios, têm ajudado o ser humano a conhecer, a entender e a explicar a origem das coisas, do mundo, dos seres, do universo, da vida e do próprio homem.

Dizem que foi por meio dos mitos que os povos aprenderam a respeitar a natureza: o Fogo, o Trovão, o Raio, os Oceanos, e os seus mistérios. Mas como cada povo criava um conhecimento diferente para explicar a origem de uma mesma coisa, os povos começaram a se desentender, pois alguns deles começaram a achar seus saberes e seus mitos melhores do que os dos outros. E foi por se acharem superiores aos outros que alguns povos, querendo o poder, declararam guerras e promoveram invasões, chegando a matar e a escravizar pessoas. Assim, sempre que um povo ganhava uma guerra pela força das armas, logo se gabava dizendo que havia vencido porque os seus mitos eram os melhores e os mais fortes.

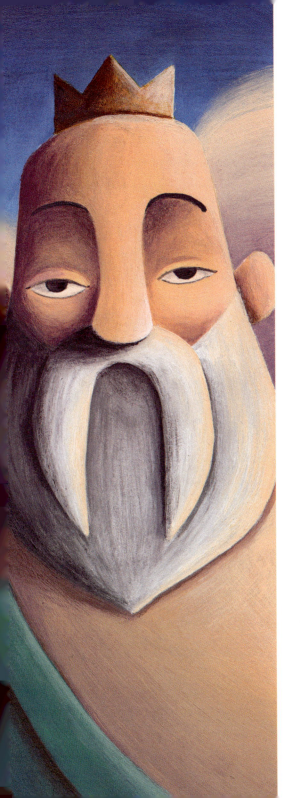

Mas dizem que o Sol e a Lua, os Trovões e os Raios, os Ventos e os Oceanos, as Estrelas e o Fogo, as Sereias e os Elfos, os Sacis e as Fadas e os outros tantos mitos não gostavam nem um pouco de ver povos e nações sendo exterminados nas guerras, pois cada nação destruída, desaparecia e levava junto suas histórias, seus saberes e, é claro, muitos dos seus mitos. E por não terem quem deles se lembrasse, morriam esquecidos. É que os mitos só podem viver na memória dos homens: no pensamento, nas palavras, nos livros, nos monumentos, nas histórias e nos objetos que as pessoas criam para homenageá-los. Talvez você já tenha escutado ou lido uma frase do livro *Peter Pan*, que diz: "A cada vez que uma criança deixa de acreditar em fadas, uma fada deixa de existir". Pois, com todos os outros mitos, as coisas também funcionam assim.

Por muito tempo foi assim, os homens tiveram uma relação com os mitos que combinava respeito, medo e admiração. Mas o tempo passou e, um dia, na morada dos mitos, nasceu a irmãzinha mais nova da família: a Ciência.

Ciência era uma criança curiosa, como todas as crianças costumam ser. E logo que aprendeu a falar, quis saber de tudo, pedindo que as coisas lhe fossem explicadas em seus mínimos detalhes, como se quisesse aprender em um só dia todos os segredos, verdades e saberes dos seus irmãos e das suas irmãs. Assim Ciência cresceu, sendo considerada por todos a mais inteligente: por saber cada vez mais sobre os mitos e sobre a origem das coisas.

Até que, certo dia, ela pensou: "Se por causa dos mitos as pessoas declaram guerras e vivem em discórdia, eu poderia me aproximar dos homens para explicar as coisas que eles sempre quiseram entender e, assim, ensinar à humanidade uma maneira única de ver o mundo para que

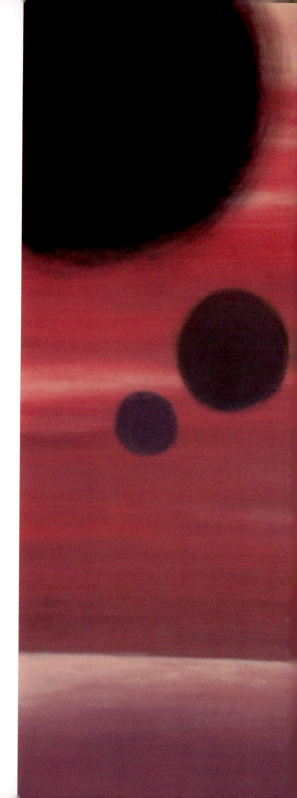

não haja tantas guerras e para que as pessoas possam ter uma vida mais digna". E foi com essas boas intenções que ela se aproximou dos homens e explicou a eles, de um jeito esclarecedor, algumas das verdades milenares guardadas pelos mitos.

Em princípio, muitas pessoas não acreditaram nas suas revelações, mas, como tudo é uma questão de tempo, não demorou muito para que as suas verdades passassem a ser aceitas e ensinadas nas escolas e para que a Ciência passasse a ser vista como a grande verdade. É que a Ciência tinha, de fato, um talento especial para se comunicar com os homens. E, de um jeito só dela, foi capaz de mostrar os segredos dos mitos, ajudando as pessoas a entenderem que uma parte do segredo dos Raios era a eletricidade; que um pedaço do segredo da existência de tantos seres vivos era a evolução; que um tanto do segredo da pedra filosofal que transforma os elementos podia ser chamado de química.

Os mitos, vendo os seus segredos explicados com tanta clareza aos homens, admiraram-se e chegaram juntos a uma conclusão:

– Nesses milhares de anos, não conseguimos manter a paz entre os povos, talvez a nossa irmã Ciência, traduzindo os nossos saberes para uma linguagem única, consiga ajudar as pessoas a conviverem melhor umas com as outras e com o mundo.

Mas não foi isso o que aconteceu, pois alguns homens não se contentavam em viver bem e em paz com os outros. Queriam se tornar poderosos para dominar as outras pessoas e resolveram agradar à Ciência de todas as maneiras para que ela, sem saber, ajudasse-os a explorar a natureza e as pessoas e a inventar novos objetos que pudessem ser vendidos para que eles lucrassem mais, e mais, e ainda mais. Por exemplo, quando a Ciência revelou aos homens que uma parte do segredo dos Raios era a eletricidade, os homens, a serviço da Ciência, poderiam se ter utilizado desse saber para que todas as pessoas do planeta tivessem uma vida melhor.

Quando a Ciência revelou uma parcela do segredo do fogo, esse saber poderia ter sido usado apenas em benefício da humanidade e do planeta. Quando alguns dos mistérios da pedra filosofal foram revelados pela química, esse conhecimento poderia ter levado a cura de muitos males a todas as pessoas, com harmonia e respeito à natureza. E assim poderia ter sido com todos os segredos por ela revelados, mas não foi isso o que ocorreu.

Os recursos da eletricidade pertenciam a poucas pessoas que cobravam de quem os quisesse utilizá-los, e até hoje tem sido assim. Depois foram inventados aparelhos elétricos e eletrônicos, muitos deles criados para curar doenças, tornar a vida mais confortável e digna, mas, para a maioria das pessoas, aqueles que não podem pagar por esses aparelhos ou pelo seu uso, essas vantagens não existem. Já os recursos do fogo foram largamente usados pela indústria da guerra para fabricar e aperfeiçoar armas que destroem a vida. O domínio da química ajudou na criação de medicamentos que curam doenças, mas não podem ser usados por todas as pessoas, pois muitos são tão caros que muitas pessoas morrem dessas doenças por não ter dinheiro para comprá-los. Assim aconteceu e vem acontecendo com muitos dos segredos revelados pela Ciência.

Vendo que, em nome das verdades reveladas pela Ciência, os homens estavam desrespeitando cada vez mais a si mesmos, à natureza e aos outros saberes, os irmãos mais velhos da Ciência resolveram deixá-los de lado. Contam que, no fundo, os mitos compreenderam, com a sua sabedoria milenar, aonde aquilo tudo iria chegar. Sabiam também que a sua irmã caçula poderia ajudar os homens a sair desse labirinto criado por eles mesmos. Mas, para isso, a Ciência precisaria amadurecer, para então compreender que, sem a companhia dos seus irmãos, não chegaria a lugar algum, a não ser à destruição do planeta e dos

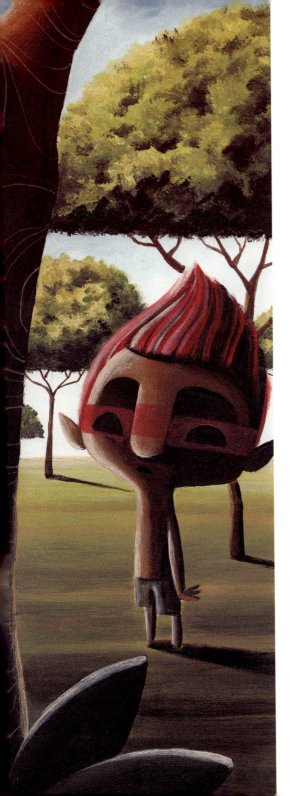

homens, e que se o planeta e os homens fossem destruídos, ela também desapareceria.

Por isso, os mitos resolveram esperar o tempo passar, pois ele, como dizem, é o nosso maior professor. Mas antes se reuniram e fizeram um pedido sincero a um de seus irmãos, o Curupira, um dos grandes saberes indígenas, um mito das florestas que tem a forma de um menino e que tem os pés para trás para que suas pegadas confundam os caçadores e, assim, as matas e os animais possam ser preservados:

– Curupira, muitos de nós já contamos nossos segredos a nossa irmã mais nova, mas você, que tem o saber indígena da preservação da natureza, por ser tão pequeno e ter surgido na selva, foi por ela esquecido. Queremos pedir, nosso irmão, que você se esconda nas florestas, junto aos povos que o respeitam, e só revele os seus segredos à Ciência quando ela aceitar a sua ajuda.

O Curupira concordou e se escondeu nas florestas, entre os povos indígenas da América Latina.

E o tempo, de fato, passou. E nesse tempo, o uso da Ciência pelos homens causou tanta destruição aos próprios homens e à natureza que a situação parecia não ter solução. Sem saber o que fazer, a Ciência sentiu-se perdida e preocupada com a possível destruição do planeta e dos homens e, então, foi pedir ajuda aos mitos, seus irmãos, contando a eles as suas preocupações. Os irmãos, que muito admiravam a inteligência e os talentos de sua irmã caçula, compreendendo sua preocupação, disseram, com ternura:

– Nossa irmã, sabemos o que é ser usado como motivo de agressão e violência pelos homens ambiciosos que desejam o poder. Vimos muitos mitos de nossa grande família desaparecerem nas guerras ao longo da história da humanidade. Você, nossa irmãzinha querida, foi usada por aqueles que não pensam com o coração para aumentar o seu poder de destruição. Os homens precisam entender que os saberes dos mitos de diversos povos fazem parte de uma grande rede e estão interligados e relacionados, dependendo uns dos outros, e que as coisas, os mitos, as pessoas, a natureza e o mundo não estão separados e não podem ser entendidos de uma só maneira. Há muitos saberes dos mitos que ainda não foram revelados à humanidade, irmãzinha, e que podem ajudá-la neste momento, são saberes considerados sem valor pelos homens

ambiciosos, pois pertencem a povos que vivem em harmonia com a natureza. O saber do Curupira, um dos nossos irmãos que vive entre os povos indígenas, por exemplo, é tão importante quanto os outros saberes. Ele guarda uma parte do imenso conhecimento dos povos indígenas, o saber da preservação da natureza, e vive nas florestas, nossa irmã. Busque-o e ele lhe dará o saber que você precisa traduzir para os homens neste momento difícil. Sabemos que só você poderá mostrar aos homens, com a sua linguagem clara e precisa, o quanto os seres dependem uns dos outros e como os homens dependem da natureza, assim como nós, saberes e mitos, precisamos uns dos outros. Vá, Ciência, pois neste instante todos precisamos de você.

Contam que Ciência andou e andou pela selva até encontrar, em meio aos povos da floresta, o seu irmão Curupira. Com ele, ela aprendeu a importância da preservação dos animais, da floresta, do ar, dos rios, das plantas, da diversidade, dos povos e da Terra. Dizem, ainda, que foi com a intenção de traduzir aos homens uma parte dos saberes desse seu irmão que ela inventou a Ecologia.

Acontece que, apesar de tantos anos passados desde o surgimento da Ecologia, a Ciência ainda tem encontrado dificuldades para convencer os homens da importância da preservação da natureza e do quanto os seres humanos dependem uns dos outros e da natureza, e precisam cuidar do planeta. Durante sua convivência com o Curupira e com os povos indígenas, a Ciência também entendeu o quanto tinha a aprender e a conhecer sobre os saberes e as tecnologias das nações que vivem nessas terras há milênios e que, por tanto tempo, souberam preservar o que os invasores destruíram em poucos séculos. Foi por isso que, desde então, a Ciência decidiu andar de mãos dadas com os saberes dos povos da floresta. Alguns cientistas já compreenderam a importância dos saberes e dos conhecimentos indígenas. Outros, ainda, estão começando a entender que é com os povos da floresta e com as populações ribeirinhas que vamos aprender a respeitar a terra, os céus, os rios, o mar, os seres da natureza, as pessoas, os povos e os seus saberes como parte de cada um de nós, como parte deste nosso grande mundo que é um só, e muitos, ao mesmo tempo.

FABIANO MORAES

Fabiano Moraes é capixaba. É graduado em letras, mestre em Linguística e doutorando em Educação (UFES). É autor de livros para crianças e para professores. Sua admiração pela diversidade cultural indígena surgiu em 1995, quando iniciou o trabalho de levantamento e caracterização dos acervos Índios do Brasil e Arqueologia Brasileira (e preparação de material didático dessas seções) do Museu Nacional da Quinta da Boa Vista (UFRJ), no Rio de Janeiro.

THIAGO AMORMINO

Graduado em Design Gráfico pelo Centro Universitário UNA, estagiou e trabalhou em agências de publicidade e design antes de se dedicar exclusivamente à carreira de ilustrador freelancer. Seus primeiros livros ilustrados foram "Cheirinho de Neném", de Patrícia Santana (Mazza Edições/2011) e "O Mundo das Pessoas Coloridas", de Caio Ducca (Mazza Edições/2012), que entrou para a "Seleção Estadinho: os melhores livros do ano", na edição de 2012.

Copyright © 2014 Fabiano Moraes
Todos os direitos reservados.

Design
Thiago Amormino

Revisão
Libério Neves

M827s   Moraes, Fabiano.
         O segredo do Curupira / Fabiano Moraes; ilustrador: Thiago Amormino. – Belo Horizonte : Mazza Edições, 2014.
         28p. : il.
         ISBN: 978-85-7160-629-6
         1. Literatura infantil. 2. Ficção brasileira I. Amormino, Thiago. II. Título.

CDD: 808.068
CDU: 821.134.3(81)-93

Mazza Edições
Rua Bragança, 101 - Pompeia
30280-410 Belo Horizonte - MG
Telefax: 31 3481 0591
www.mazzaedicoes.com.br
edmazza@uai.com.br